おうちで作るのおもてなし

寿司

川上文代

成美堂出版

目次

この本の使い方

■材料や作り方に表示している小さじ1は5ml、大さじ1は15mlです。

■野菜は皮をむく、ヘタや種を取る、根元を切り落とすなどの下ごしらえをすませてからの手順としています。

■米1合は米用カップ1（180ml）＝約150g、1合の炊きあがり重量は2.2倍＝約330gです。

■出汁は昆布とかつおぶしでとったものですが、和風出汁の素を使用しても構いません。

■醤油とある場合は濃口醤油のことです。

■電子レンジは出力600Wを基準としています。500Wの場合はかける時間を1.2倍、700Wの場合は0.8〜0.9倍にしてください。ただし、機種などにより、時間が変わることがありますので様子をみて調整してください。

■本書で使用した型や道具は一例です。大きさによっては寿司のでき上がりのサイズや形、個数に違いがでる場合もあります。

■寿司によっては、使用する道具（型など）に合わせわかりやすいように少量（1個単位）の材料を明記したものがあります。その場合でも、寿司飯の米は一度に2合以上炊くことをおすすめします。いろいろな寿司飯を作るか、余った場合は冷凍保存することもできます。

第1章

寿司の基本

寿司作りに必要な道具のそろえ方や、
基本の寿司飯の作り方、巻物の巻き方、
仕込みについて知りましょう。
基本を覚えておくと、
仕上がりがきれいになるだけでなく、
手軽に作れるようになります。

おうちで作る寿司は
おいしくて楽しい

「今日はお寿司にしよう！」。人が集まるとき、誰かをお祝いするとき……。

そんなシーンを盛り上げてくれるお寿司は、日本人にとって特別な存在です。

外食とはちょっと違う、ワイワイ楽しみながら作って食べるおうち寿司は

おいしさの記憶以上に、楽しい思い出が刻まれるはず。

寿司飯とネタをそろえて、気軽に楽しんでみませんか？

寿司の種類

本書では下記のような基本の寿司に加え、
盛り付けやネタに工夫をこらしたオリジナル寿司を紹介しています。気軽に挑戦してみてください。

にぎり寿司

丸めた寿司飯に魚介などのネタをのせてにぎった寿司。発酵させない「早ずし」の一種。

巻き寿司

海苔に寿司飯とネタをのせて巻く寿司。ネタが6種類以上を太巻き、3〜5種を中巻き、1〜2種を細巻きと呼ぶ。

押し寿司

型に寿司飯とネタをのせて押しかためて作る寿司。関西のバッテラなどが代表。

いなり寿司

甘辛く煮た油揚げに、寿司飯を詰めた寿司。「お稲荷さん」ともよばれ、関西と関東で味や形が異なる。

手巻き寿司

巻きすを使わずに、手で巻く寿司。海苔のパリッとした食感を楽しむことができる。

軍艦巻き

イクラやネギトロなど、くずれやすいネタに最適な寿司。横から見た真っ黒な姿が軍艦を思わせるのが名前の由来。

手まり寿司

ひと口で食べられる、丸くコロンとした姿の寿司。色とりどりのネタで作ると美しい。

茶巾寿司

茶巾は茶道で茶碗をぬぐうときに使う布のこと。薄焼き卵を茶巾に見立てた寿司。

ちらし寿司

寿司飯に海鮮や錦糸卵などの具材をのせた寿司。3月3日の桃の節句に食べるのも定番。

寿司作りの道具

寿司作りに多くの道具は必要ありません。
寿司飯を作る飯台は、よく作る量に合ったものを選ぶとよいでしょう。

飯台（はんだい）

寿司飯を作ったり、混ぜたりする桶。寿司飯がつやよく仕上がる。直径30cm（3合用）のものが便利。

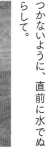

しゃもじ

寿司飯を混ぜたり、よそったりするのに使う。寿司飯がくっつかないように、直前に水でぬらして。

うちわ

寿司飯を作る途中に、余分な水気や酢のツンとしたにおいを飛ばすのに使う。

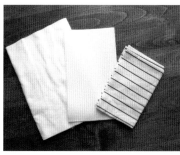
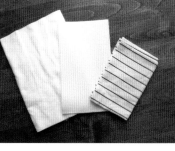

さらし・布巾

でき上がった寿司飯が乾燥しないように、布巾をぬらしてかぶせたり包丁をふいたりする。清潔なものを用意して。

巻きす

細長く切った竹を木綿糸でつなぎ編んだもの。巻き寿司を作るときに使うほか、卵焼きの形を整えるのにも。

押し型

押し寿司を作るための型。底が抜けるので、型から外すときにくずれなくて便利。

9

寿司飯の作り方

酢、塩、砂糖などで調味した寿司飯は、独特の風味と甘酸っぱさが魅力。
冷めたときにかたくなるのを防ぐ効果もあります。

米…2合
水…410ml

A
┌ 酢…30ml
├ 塩…4g
├ 砂糖…15g
└ 昆布…3㎝角

下ごしらえ

米はといで10分水に浸し、ざるにあけてラップをかぶせて約20分おく。

赤酢の寿司飯

江戸前寿司を作る場合は、砂糖を入れず、酢を赤酢にします。作り方は同様です。

作り方

1 鍋に米と水を入れて強火にかける。沸騰したら軽くひと混ぜして弱火で蓋をし、10分炊いたら、5分蒸らす。

2 Aを混ぜ合わせて30分以上おき、昆布を取り出す。水でぬらした飯台に、熱々のうちに①をあけて、Aをしゃもじで受けながら全体にまわし入れる。

3 しゃもじで全体を切り混ぜる。米ひと粒ずつにAを行きわたらせるように均一に混ぜる。

4 ごはんが水分を吸ったら、手早く広げ、うちわであおいで冷ます。

5 しゃもじでごはんをひっくり返し、再度うちわであおいで室温まで冷ます。

6 水でぬらしたさらしをかぶせ、ラップをかけておく（木の蓋でもよい）。

細巻きの巻き方

寿司飯の中央に具材を横一直線にのせ、
手前から向こう側へ一気に巻きます。

材料 （1本分）

寿司飯…70g
具（写真はかんぴょう煮）…適量
焼海苔…全型の1/2枚

手酢（てず）とは

寿司をにぎるときに手につける酢水のこと。米粒が手につく
のを防ぎ、殺菌効果もあります。水に1割の酢を入れます（水
100mlに酢10ml）。手が温かいときは氷も入れましょう。

作り方

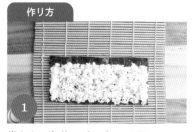

1 巻きすに海苔のざらざらした面を上にしておき、手酢を軽くつける。寿司飯を俵型にして、奥側にのせる。海苔の奥1.5cmと手前5mmを除いて寿司飯を指先で均一に広げる。両端は少し高くする。

2 巻き終わりののりしろ部分に、寿司飯2～3粒ををつぶしてのり代わりに貼り付けておく。中央に具をのせる。

のりしろ

3 具を指先で押さえ、巻きすごと持って手前の寿司飯を奥の寿司飯の端にくっつけるように一気に巻く。

4 巻きすでぎゅっと締めて、空洞ができないようにする。さらに、のりしろ部分まで巻く。

5 巻きすごと両サイドと上から指で押さえて形を整える。好みで四角柱の形にしてもよい。

6 海苔が巻きすの片端と重なるように寄せて、飛び出た寿司飯を指先、もしくは湿らせたさらしで、平らに押さえる。もう片側も同様に整える。

太巻きの巻き方

中巻きや太巻きは、巻き終わりを下にして
ぎゅっと押さえて形づくるのがポイント。
しっかり巻くことで断面が美しくなります。

材料 （1本分）

寿司飯…250g
具（写真はしいたけの甘辛煮、三つ葉、
卵焼き、きゅうり、桜でんぶ）…適量
焼海苔…全型の1枚と1/4枚

作り方

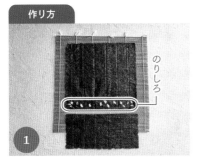

のりしろ

1

巻きすの上に1枚の海苔のざらざらした
面を上にしておく。端に米粒をつぶして
のり代わりにしてつけ、1/4サイズの海
苔をつなぎ合わせる。

2

手酢を軽くつけて、手前5mmを除いて
寿司飯を指先で均一に広げる。両端
は、少し高くなるようにする。

3

中央に具をのせる。

4

巻きすごと持って、手前の寿司飯を奥
の寿司飯の端にくっつけるように一気に
巻く。

5

巻きすでぎゅっと締めて、空洞ができな
いようにする。

6

巻きすの横から飛び出た寿司飯を、指
先、もしくは湿らせたさらしで、平らに押
さえる。もう片側も同様に整える。

裏巻きの巻き方

カリフォルニアロールなどの裏巻きは、
ラップの下に海苔や紙を敷いてごはんを広げる目安にします。

材料 （1本分）

寿司飯…180g
具（写真 はかに風味かまぼこ、きゅう
り、アボカド、ツナマヨネーズ）…適量
焼海苔…1枚
とびこ…適量

作り方

1 巻きすに海苔をのせてラップを敷き、寿司
飯を海苔の大きさに広げる。

2 中央に具をのせる。

3 海苔を外す。

4 手前から巻きすごと持って、ラップをか
ぶせるように巻く。形を整える。

5 上のラップを外して、とびこをまわりに貼
り付ける。

押し寿司の作り方

型に寿司飯を詰めて抜くだけの押し寿司は、
手軽にできておすすめ。魚と寿司飯の旨みが
互いに引き出されなじみやすくなります。

材料 （内径7.5×22.5cm角の押し型を使用）

寿司飯…360g
具（写真は締めさば）…適量
笹の葉…2枚

※押し型と笹の葉は水にぬらして水気をふいてから使う。

作り方

① 型に笹の葉を1枚敷き、具をのせる。

② 寿司飯を手で軽く丸めて型の両端にのせる。

③ 寿司飯を全体に広げる。

④ 笹の葉を敷く。

⑤ 蓋をして押し、作業台にトントンと打ち付けて、枠を抜く。

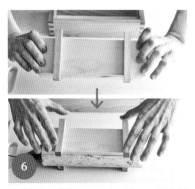

⑥ くずれないようにひっくり返し、蓋を外す。

にぎり寿司のにぎり方

本書では「小手返し」という方法を紹介します。
指先のテクニックが大切で、
転がしたり、引き締めたりすることで美しい形に仕上げます。

〜 にぎり方のポイント 〜

point 1 力を入れすぎない

力を入れてしゃりをにぎりしめてしまうと、おにぎりのようにかたくなります。空気を入れながらやわらかく丸めごはんの粒をつぶさないようにしましょう。

point 2 両端を締めるようににぎる

ネタにしゃりをのせたら、上下を返すようににぎりますが、両側から引き締めるようにすると、形が整います。

コバとは

「小刃返し」のことで、まぐろを切ったときに、切り終わる最後の数mmだけ、寝かせていた刃を立てて切ること。小刃返しをして身を断ち切ることで、刃に身が引きづられて形がくずれるのを防げます。

（1貫分）

赤酢の寿司飯…20g
ネタ（写真はまぐろ）…適量
わさび…適量

1 両手の指先に手酢を適量つけて手のひら全体になじませる。

2 右手の指先で約20gの寿司飯をとり、軽く丸めてしゃり玉を作る。

3 ネタのコバ部分を裏にして左手の親指と人差し指で挟みながら指の付け根部分にのせるよう調整する。右手の人差し指でネタにわさびをぬる。

4 ネタの上にしゃり玉をおく。左手の親指でしゃりの中央を押さえて空気穴を開けながら、右手の親指と人差し指でしゃりの上下を押さえる。

5 右手の人差し指を真っすぐにしゃりの上にのせて押さえながら左手で包み込み、ネタとしゃりをしっかり密着させる。伸ばした左手の指先方向に右手で転がして、ネタを上にする。

6 右手の中指と親指の腹で両側を締めながら、軽く持ち上げ、左手の指の付け根位置に戻す。

7 右手の人差し指でネタを押さえながら、左手の親指をネタの下に入れて上のしゃりを押さえる。

8 右手で持ち、時計回りに180度回転させる。⑦と同様に行う。

9 しゃりを締めたら完成。

卵の仕込み

色も味も寿司飯にぴったりな卵はレシピによく登場します。
基本の作り方を押さえておくと、寿司の仕上がりも美しくなります。

炒り卵

材料 （作りやすい分量）

卵…3個
砂糖…大さじ1
みりん…大さじ1
塩…小さじ1/4

作り方

❶ ボウルに材料をすべて入れて混ぜる。

❷ フライパンに①を入れて菜箸4本でよく混ぜながら火を通し、乾燥しないように冷ます。

薄焼き卵

材料 （作りやすい分量）

卵…2個
塩…ひとつまみ
砂糖…小さじ1/2
片栗粉…小さじ1/3
水…小さじ1/2
サラダ油…適量

作り方

❶ ボウルに片栗粉と水を入れて溶く。

❷ ボウルに①と卵、塩、砂糖を入れて菜箸でよく溶きほぐし、ざるでこす。

❸ 卵焼き器を中火にかけペーパータオルでサラダ油をぬり、②を適量注ぎ入れ、一面に均一に卵液が薄く広がるよう動かす。

❹ 半熟に火が通ったら菜箸を差し込み、ひっくり返す。裏は10秒ほど焼き、ペーパータオルを広げた上に返す。卵液が無くなるまでくり返す。

❺ ざるやバットに移し、粗熱が取れたら、乾燥しないように冷ます。

錦糸卵

作り方

薄焼き卵を4cm幅に切り、何枚か重ねて、端から糸のように細く切る。

卵焼き

菜箸は斜めに入れ、入れる場所を変えながら返して巻くと卵がやぶれにくい。

親指と薬指で端を押さえながら、人差し指と中指で押さえて形を整える。

材料 （作りやすい分量）

卵…3個
砂糖…大さじ1
みりん…大さじ1
塩…小さじ1/4
サラダ油…適量

作り方

❶ボウルに卵、砂糖、みりん、塩を入れて、菜箸で切るようによく溶き、ざるでこす。

❷卵焼き器を中火にかけ、ペーパータオルで多めのサラダ油をまんべんなくぬる。

❸①をつけた菜箸で触れて軽く「チュン」と音がなったら、左手に卵焼き器の柄を持ち、右手で1/4量の卵液を流し、左手を動かしながら均一に広げる。

❹卵が膨らんできたら菜箸で潰す。ほぼ半熟に火が通れば、奥から手前に反動をつけながら巻く。サラダ油をぬり、卵を奥に移動させ、1/4量を手前に流し、焼けた卵の下にも流し、同様にくり返して焼く。

❺最後は卵焼き器に押し当てて、形を四角く整え、巻きすにひっくり返してのせる。

❻巻きすで巻き、上が平らになるように押さえて四角く形を整える。そのまま、粗熱を取ってから、切り分ける。

煮切り酒・煮切りみりん

酒やみりんに含まれるアルコールは料理の風味を損なう原因になるため、アルコール分を飛ばす「煮切り」という下ごしらえを行います。

作り方
鍋に酒（またはみりん）を入れて沸騰させ、火を止めて冷ます。

煮切り醤油

醤油、酒・みりんなどを合わせて煮切って作る醤油のこと。醤油の強い香りや塩気をまろやかにし、素材の味をより生かすために使われます。「寿司醤油」とも呼ばれます。

作り方
❶鍋に酒大さじ1、みりん大さじ1を入れて約1分くらい煮詰める。

❷醤油大さじ3を加えて約2分煮て冷ます。

海苔の扱い

海苔は寿司の印象を左右する大切な食材。
やや青みを帯びた濃い黒色で、パリッと新鮮なものを選ぶようにしましょう。

味付きではなく、「焼海苔」と表記のあるものを選ぶようにしましょう。

海苔のサイズ

焼海苔1枚の基本のサイズは縦21×横19cmで「全型」と呼びます。縦半分の大きさが「半切」、縦3等分が「3切」。「6切」サイズは軍艦巻きに最適なサイズです。太巻きや細巻きでは、好みのサイズにカットして使用します。

〰 表と裏を確認するのがポイント 〰

焼海苔には表と裏があります。触ったときに、つるっとしているのが表、ざらざらしているのが裏です。太巻きなどを作るときには、裏面を上にして寿司飯と具をのせて巻き、つるっときれいな表面が見えるように仕上げます。全型サイズもありますが、あらかじめカットされたものも売られているので、確認して購入しましょう。また、袋から出したら湿気を吸わないうちに早めに使いましょう。

キムパ用の
海苔も
あります！

韓国料理のキムパを作るときには、少しごま油の風味と塩味のついた専用の海苔を使うのもおすすめです。

第2章

飾り寿司

季節のお祝い事やホームパーティーに
ぴったりな見た目の華やかな飾り寿司。
グラスを使って盛りつけを工夫したり、
さまざまな具材を組み合わせて
自由にアレンジしたりと作るのが楽しくなるお寿司です。

炒り卵・錦糸卵の作り方→18ページ

【オードブル寿司】

ひと口サイズのかわいらしいミニ寿司はおもてなしにぴったり。
ネタの組み合わせ方を考えるのも楽しく、アレンジは無限大です。

かきの燻製オイル漬け

スモークサーモン

チャーシューとザーサイ

うなぎと卵

アルゼンチン赤えびとしその実漬け

いか明太と姫竹

桜えびと金山寺味噌

カプレーゼ

赤貝と塩もみきゅうり

あぶり平貝

～ 寿司飯の型の取り方 ～

29×18.5cm（1マス3.8×3.8cm深さ2cm）のシリコン型

シリコン型を酢水でさっと湿らせる。型に寿司飯を25gずつ詰めて型抜きする。

【チャーシューとザーサイ】

材料（1個分）
寿司飯…型1個分
チャーシュー…半切れ
ザーサイ、芽ねぎ、ごま油…各適量

作り方
❶ザーサイは刻んでごま油をまぶす。
❷寿司飯にチャーシュー、①をのせ、芽ねぎを添える。

【スモークサーモン】

材料（1個分）
寿司飯…型1個分
スモークサーモン　　　　オリーブ油…少々
（スライス）…1切れ　　　グリーンアスパラガス…1/3本
うずら卵…1個　　　　　　塩…適量

作り方
❶器にうずら卵を割る。フライパンにオリーブ油を熱し、卵を入れて塩をふり、半熟になったら取り出す。
❷アスパラガスは沸騰した湯に入れ、約3分塩ゆでする。
❸寿司飯にスモークサーモン、①、②をのせる。

【かきの燻製オイル漬け】

材料（1個分）
寿司飯…型1個分
かきの燻製オイル漬（瓶）…1個
三つ葉…1本

作り方
❶三つ葉は、沸騰した湯でさっとゆでる。
❷寿司飯にかきの燻製オイル漬けをのせ、①で巻いて結ぶ。

【アルゼンチン赤えびとしその実漬け】

材料（1個分）
寿司飯…型1個分
アルゼンチン赤えび…1尾
塩、しその実漬け…各適量

作り方
❶えびは背わたを取り、15秒ほどさっと熱湯に通し、氷水に落とす。殻をむいて水気を取り、塩をふる。
❷寿司飯に①、しその実漬けをのせる。

【うなぎと卵】

材料（1個分）
寿司飯…型1個分
うなぎのかば焼き…2cm
錦糸卵…適量
木の芽…1枚

作り方
寿司飯に錦糸卵をのせ、あぶったうなぎのかば焼きをおき、木の芽をのせる。

【桜えびと金山寺味噌】

材料（1個分）
寿司飯…型1個分
釜揚げ桜えび…3尾
金山寺味噌…少々

作り方
寿司飯に金山寺味噌をのせ、桜えびを並べる。

【いか明太と姫竹】

材料（1個分）
寿司飯…型1個分
いか明太…8g
姫竹…8g
オクラ…2枚

作り方
❶姫竹は沸騰した湯で約10分ゆでる。
❷オクラは小口切りにする。
❸寿司飯にいか明太、①、②をのせる。

【あぶり平貝】

材料（1個分）
寿司飯…型1個分
平貝…ひと切れ
ベニーナ（赤軸だいこんのかいわれ）…少々
醤油、みりん…各少々

作り方
❶平貝は5mm厚さの半月形に切り、醤油とみりんをまぶして、さっとバーナーであぶる。
❷寿司飯に①をのせ、ベニーナを添える。

【赤貝と塩もみきゅうり】

材料（1個分）
寿司飯…型1個分
赤貝の刺し身…1/2個
きゅうり…6g
塩、青じそ…各適量

作り方
❶きゅうりと青じそは細切りにし、塩をまぶししんなりしたら水気をきる。
❷寿司飯に①をのせ、切込みを入れた赤貝をのせる。

【カプレーゼ】

材料（1個分）
寿司飯…型1個分
モッツァレラチーズ…8g
ミニトマト（輪切り）…2枚
塩、こしょう、オリーブ油、バジル…各適量

作り方
❶モッツァレラチーズとミニトマトは3mm幅に切る。
❷寿司飯に①を交互にのせ、塩、こしょう、オリーブ油をかけ、バジルをのせる。

桜でんぶと炒り卵

しらすとカリカリ梅

とびこすだち

【型寿司】

クッキーの型を使って見た目も楽しめるお寿司に。漬け物や鮭フレークなどをのせると手軽にできます。

鮭フレークとしその実漬け

だし

27

【だし】

材料（直径6cm×高さ4cmのセルクル・1個分）
寿司飯…80g
山形の「だし」…大さじ2
ラディッシュ（輪切り）…6枚

作り方 だしをのせて平らに広げ、ラディッシュを飾り、型を抜く。

【桜でんぶと炒り卵】

材料（直径4cm×高さ3cmのクッキーハート型・1個分）
寿司飯…60g
桜でんぶ…大さじ2
炒り卵…大さじ3

作り方 ハートの半分に桜でんぶをのせ、もう半分に炒り卵をのせて型を抜く。

【しらすとカリカリ梅】

材料（直径5cm×高さ4cmのセルクル・1個分）
寿司飯…60g
釜揚げしらす…大さじ2
梅のカリカリ漬け…1個

作り方
❶梅は種を取り、粗みじん切りにする。
❷しらすをのせて広げ、①をのせて型を抜く。

【鮭フレークとしその実漬け】

材料（縦5×横5cm×高さ3cmのクッキー型・1個分）
寿司飯…80g
鮭フレーク…大さじ2
しその実漬け…大さじ2

作り方 対角線上の半分に鮭フレークを広げ、もう半分にしその実漬けを広げて型を抜く。

【とびこすだち】

材料（直径5.5cm×高さ3.5cmの八角形セルクル・1個分）
寿司飯…70g
とびこ…大さじ2
すだち（輪切り）…1枚

作り方 とびこをのせて広げ、すだちを添えて型を抜く。

【カップ寿司】

寿司飯に具を混ぜてカップに詰めると、デザートのようなかわいらしさに。パーティーシーンにもおすすめです。

明太らっきょう

材料（2個分）
A ┌ 寿司飯…100g
　├ 明太子…10g
　└ らっきょう（せん切り）…2個分
炒り卵、明太子（飾り用）、チャービル…各適量

作り方
❶ ボウルにAをすべて入れ、ヘラで切るように混ぜる。
❷ グラスに①を入れて炒り卵を広げ、明太子（飾り用）とチャービルを飾る。

じゃこと青じそ

材料（1個分）

A
┌ 寿司飯…100g
│ ちりめんじゃこ…大さじ2
│ 青じそ（せん切り）…2枚分
└ 白いりごま…小さじ2/3
しその実漬け、ミニトマト（くし形切り）、
ペリーラ（青じその若葉）…各適量

作り方

❶ボウルにAを入れ、ヘラで切るように混ぜ合わせる。
❷グラスに①を入れ、しその実漬け、ミニトマト、ペリーラを飾る。

いぶりがっこチーズ

材料（1個分）

A
┌ 寿司飯…100g
│ いぶりがっこ（粗みじん切り）…10g
└ カッテージチーズ…15g
いぶりがっこ（飾り用）、
カッテージチーズ（飾り用）、
オクラ（輪切り）…各適量

作り方

❶ボウルにAを入れ、ヘラで切るように混ぜ合わせる。
❷グラスに①を入れ、いぶりがっこ（飾り用）、カッテージチーズ（飾り用）、オクラを飾る。

塩昆布たくあん

魚肉ソーセージとコーン

材料（1個分）

┌ 寿司飯…100g
A 塩昆布（刻む）…3g
└ たくあん（細切り）…10g
きゅうり（細切り）、塩昆布（飾り用）、
たくあん（細切り・飾り用）…各適量

作り方

❶ボウルにAを入れ、ヘラで切るように混ぜ合わせる。

❷グラスに①を入れ、きゅうりと塩昆布（飾り用）、たくあん（飾り用）を飾る。

材料（1個分）

┌ 寿司飯…100g
A コーン缶…15g
└ パセリ（みじん切り）…小さじ1
魚肉ソーセージ…15g
ケイパー酢漬け、魚肉ソーセージ（飾り用）、
コーン缶（飾り用）…各適量

作り方

❶魚肉ソーセージは5mm角に切る。

❷ボウルに①とAを入れ、ヘラで切るように混ぜ合わせる。

❸グラスに②を詰める。上にケイパー、魚肉ソーセージ（飾り用）とコーン（飾り用）を飾る。

【3色グラス寿司】

ひと口サイズのかわいらしいミニ寿司はおもてなしにぴったり。ネタの組み合わせ方を考えるのも楽しく、アレンジは無限大です。

きゅうり・炒り卵・かに

材料（1個分）

寿司飯…180g
★炒り卵…30g
★かにの身
　（またはかに風味かまぼこ）…30g
★きゅうり…30g
きゅうり（輪切り・飾り用）、
かにのほぐし身（飾り用）、
炒り卵（飾り用）…各適量

作り方

❶きゅうりは5mm角に切る。

❷寿司飯を3等分し、★の具材をそれぞれに混ぜ合わせる。

❸ガラスの器に、②のきゅうりの寿司飯、卵の寿司飯、かにの寿司飯の順に詰める。

❹きゅうり、炒り卵、かに（すべて飾り用）を飾る。

赤しそふりかけ・とびこ・青のり

材料（1個分）

寿司飯…180g
★とびこ…大さじ2
★青のり…小さじ1
★赤しそふりかけ…小さじ1
スナップエンドウ…1さや
ラディッシュの浅漬け…適量

作り方

❶寿司飯を3等分し、★をそれぞれに混ぜ合わせる。

❷スナップえんどうは熱湯でさっとゆでる。

❸ガラスの器に、①の赤しそふりかけの寿司飯、とびこの寿司飯、青のりの寿司飯の順に詰める。

❹②と半分にカットしたラディッシュを飾る。

【パウンドケーキ寿司】

青じその風味がアクセントになるケーキ寿司。

うなぎと卵は相性抜群の組み合わせ。

材料
（底辺1917・5×7・5cm
上辺19×8・5cmの耐熱皿・1個分）

寿司飯…500g
鮭フレーク…40g
うなぎのかば焼き…1尾分
きゅうり…1/2本
塩…少々
青じそ…3枚
錦糸卵…30g
枝豆（塩ゆで）…適量

作り方

❶ きゅうりは細切りにし、塩をまぶして約10分おき、水気を取る。

❷ うなぎは600Wの電子レンジで15秒加熱し、縦半分に切ってから、パウンド型の長さに切る。残りは刻み、半量の寿司飯と混ぜる。

❸ 残りの寿司飯に、鮭フレークを混ぜる。

❹ パウンド型に霧吹きをしてラップを敷く。真ん中にうなぎ、両端に錦糸卵と①を並べる。

❺ ③の鮭入りの寿司飯を詰めて平らにし、青じそを敷く。さらに、②のうなぎ入りの寿司飯を詰めて平らにしてラップで覆い、上から軽く押さえる。

❻ 約10分おき、器にひっくり返して、ラップを外す。枝豆を飾る。

型の底に錦糸卵、うなぎ、きゅうりを並べる。

寿司飯を詰めて平らにし、青じそを少し重なるようにして並べる。

うなぎ入りの寿司飯をしっかり詰める。

【ホールケーキ寿司】

ホールケーキのようなお寿司はお祝いや行事に。
カッテージチーズがまるでホイップクリームのよう。

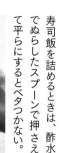

寿司飯を詰めるときは、酢水でぬらしたスプーンで押さえて平らにするとベタつかない。

型の端に行き渡るように、かにを広げる。

寿司飯を平らにしてから、野沢菜漬けをのせて広げる。

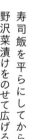

型を抜くときはスプーンで押さえるようにすると、形がくずれにくい。

材料（直径15cmセルクル）

寿司飯…500g
かにの身（またはかに風味かまぼこ）…100g
野沢菜漬け…100g
炒り卵…120g
かにの身（またはかに風味かまぼこ・飾り用）、
いくらの醤油漬け、カッテージチーズ、
ディル…各適量

作り方

❶野沢菜は、刻んで水分を絞る。

❷器に酢水（分量外）でぬらしたセルクルを置き、1/3量の寿司飯を平らに詰め、ほぐしたかにを広げる。

❸さらに寿司飯1/3量を平らに詰め、①を広げる。そこに残りの寿司飯を敷き詰め、水でぬらしたスプーンで押さえて平らにする。

❹炒り卵を広げ、型を抜く。6か所にカッテージチーズをのせ、いくら、ディルを飾る。中央にはかに（飾り用）をのせる。

38

第 3 章

巻き寿司

軍艦巻きや太巻き、手巻き寿司など
好きなネタを海苔で巻いたお寿司。
旬を意識してネタを合わせてみましょう。
また、バラの花巻き寿司や、カリフォルニアロールなど、
断面の華やかなお寿司もご紹介します。

煮切り酒・煮切りみりんの作り方 → 19ページ

しいたけの甘辛煮の作り方 → 47ページ

軍艦巻きの基本の巻き方

材料（1個分）
寿司飯…20g
焼海苔…3cm幅
（全型21cm×18cmの縦の長さを6等分に切る）

1 ラップに寿司飯をのせてにぎり、しゃり玉を作って軍艦のような船型にし、中央を指で押して軽くくぼませる。

2 海苔の裏側のざらざらした面を寿司飯にあたるようにし、海苔の端の巻き終わり部分に米粒をつける。

3 光沢のあるつるっとした面が外側になるように、しゃり玉の周囲に巻き、巻き終わりを押さえる。

 軍艦巻き 1

数の子ときゅうり

材料（1個分）
寿司飯…20g
焼海苔…3cm幅
きゅうり、金山寺味噌、数の子、かつお節…各適量

作り方
❶きゅうりは半月切りにする。
❷寿司飯に海苔を巻き、①、金山寺味噌、数の子をのせて、かつお節を添える。

 軍艦巻き 2

いくらとサワークリーム

材料（1個分）
寿司飯…20g
焼海苔…3cm幅
いくらの醤油漬け、サワークリーム、かいわれだいこん…各適量

作り方
寿司飯に海苔を巻き、サワークリーム、いくら、かいわれだいこんの順にのせる。

 軍艦巻き 3

牛肉のたたき

材料（1個分）
寿司飯…20g
焼海苔…3cm幅
牛肉のたたき…1切れ
クレソン…適量
A ┌ 酒、みりん…各少々
  └ 醤油、しょうが（すりおろす）…各少々

作り方
❶Aを小鍋に入れ、ひと煮立ちさせて冷ます。
❷寿司飯に海苔を巻き、牛肉をのせ、①をかけてクレソンを添える。

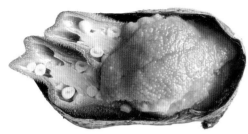

うにとオクラ

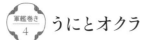

材料（1個分）

寿司飯…20g
焼海苔…3cm幅
うに…適量
オクラ…1/2本
塩…適量

作り方

❶オクラは塩をまぶして産毛をこすり取り、ガクの周囲を切る。沸騰した湯で10秒ほどゆでて冷まし、斜めに切る。

❷寿司飯に海苔を巻き、①とうにをのせる。

軍艦巻き
5 オイルサーディン

材料（1個分）

寿司飯…20g
焼海苔…3cm幅
オイルサーディン…1本
サワークリーム…適量
レモン（薄切り）、ディル…各少々

作り方

寿司飯に海苔を巻き、サワークリーム、オイルサーディン、レモン、ディルの順にのせる。

軍艦巻き
6 長いもまぐろ

材料（1個分）

寿司飯…20g
焼海苔…3cm幅
まぐろのたたき、長いも（せん切り）、うずら卵の卵黄、あさつき（小口切り）…各適量

作り方

寿司飯に海苔を巻き、まぐろ、長いも、うずら卵の卵黄、あさつきをのせる。

軍艦巻き
7 たことポン酢ジュレ

材料（1個分）

寿司飯…20g
焼海苔…3cm幅
ゆでだこの刺し身…1切れ
豆苗…少々

【ポン酢ジュレの材料】
ポン酢醤油…50ml
ゼラチン（粉）…3g
水…大さじ1

※作ったもののうち、小さじ1/2を使用

作り方

❶ポン酢ジュレを作る。ボウルに水とゼラチンを入れて混ぜ、約10分おく。湯せんをして溶かし、ポン酢醤油を混ぜて冷蔵庫で冷やし固める。

❷寿司飯に海苔を巻き、ゆでだこ、①、豆苗をのせる。

【細巻き】

かっぱ巻きやかんぴょう巻きなど、定番から、アレンジをきかせたものまで。シンプルなネタで小粋な巻寿司を楽しみましょう。

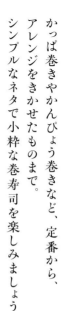

 細巻き 1 かんぴょう巻き

材料（1本分）
寿司飯…70g
焼海苔…1/2枚
かんぴょう煮…適量

※かんぴょう煮は焼き海苔の横幅の長さ21cmの場合、2本分使用。かんぴょうが細い場合は3本使用。

作り方
❶巻きすに海苔をのせて寿司飯を広げ、水気を取ったかんぴょうを中央にのせて巻く。

❷水分を含んださらしで包丁を拭いて、真ん中を切り、さらに3等分ずつにして計6等分に切る。

かんぴょう煮の作り方

材料（作りやすい分量）
かんぴょう（乾燥）…25g
塩…小さじ1
A 醤油、みりん、砂糖…各大さじ2
水…1カップ

作り方
❶かんぴょうは水に約10分浸し、やわらかくする。水気を切り、塩をまぶしてもみ洗いし、水で洗い流す。

❷沸騰した湯で、約5分ゆでて水気を絞る。

❸別の鍋にAを入れ、②を入れて、落し蓋をする。ときどき返しながら、煮汁がほとんどなくなるまで煮て、そのまま冷ます。

 細巻き 2

ゆずこしょう鉄火巻き

材料（1本分）

寿司飯…70g
焼海苔…1/2枚
まぐろ…30g
A ┌ ゆずこしょう…小さじ1/2
　│ 醤油…大さじ1
　│ 煮切りみりん、
　└ 煮切り酒…各大さじ1
みょうが…1/3本

作り方

❶まぐろは1cm角の棒状に切り、Aをまぶしてラップし、冷蔵庫で約10分おき、水気を取る。

❷みょうがはせん切りにする。

❸巻きすに海苔をのせて寿司飯をおき、中央に①と②をのせて巻く。

 細巻き 3

味噌マヨかっぱ巻き

材料（1本分）

寿司飯…70g
焼海苔…1/2枚
きゅうり…1/6本
味噌…小さじ1/2
マヨネーズ…小さじ1
青じそ（せん切り）…1/2枚分
塩…少々

作り方

❶味噌とマヨネーズを混ぜる。

❷きゅうりは塩をまぶしてまな板で転がし、板ずりをする。水で洗って両端を切り、成り口の皮を軽くむき、放射状に6等分する。水気の多い種の部分は包丁で切り取る。

❸巻きすに海苔をのせて寿司飯をおき、中央に①をぬり、青じそを散らして、②をのせて巻く。

 細巻き 4

たくあんチーズ巻き

材料（1本分）

寿司飯…70g
焼海苔…1/2枚
たくあん（細切り）…20g
クリームチーズ…20g

作り方

巻きすに海苔をのせて寿司飯をおき、中央にクリームチーズとたくあんをのせて巻く。

細巻き5 納豆ガリ巻き

材料（1本分）
寿司飯…70g
焼海苔…1/2枚
納豆…1/2パック
醤油…小さじ1/2
ガリ…5g

作り方
❶ガリは刻み、水気を取る。
❷納豆はよく混ぜて粘りを出し、醤油と①を混ぜる。
❸巻きすに海苔をのせて寿司飯をおき、中央に②をのせて巻く。

細巻き6 しば漬け豆苗巻き

材料（1本分）
寿司飯…70g
焼海苔…1/2枚
しば漬け…20g
豆苗…20g
塩…適量

作り方
❶しば漬けは水気を取り、刻む。
❷豆苗は熱湯で10秒ほど塩ゆでし、冷まして水気を取る。
❸巻きすに海苔をのせて寿司飯をおき、中央に①と②をのせて巻く。

細巻き7 しいたけの甘辛煮巻き

材料（1本分）
寿司飯…70g
焼海苔…1/2枚
しいたけの甘辛煮…適量

作り方
巻きすに海苔をのせて寿司飯をおき、中央に水気を取ったしいたけの甘辛煮をのせ、巻く。

しいたけの甘辛煮の作り方

材料（作りやすい分量）
しいたけ（乾燥）…20g
砂糖…大さじ2
醤油…大さじ1
水…1カップ

作り方
❶ボウルに水としいたけを入れ、表面にラップを密着させ半日おいて戻し、軸を取る。
❷鍋に①と戻し汁、残りの材料をすべて入れ、落し蓋をして途中で上下を返しながら水分がほぼなくなるまで約15分煮る。そのまま冷ます。
❸薄切りし、煮汁を絡める。

【太巻き】

5種類ほどのネタを芯にして巻く太巻きは切り口が美しく食べ応えも満点。巻き方に少しコツがありますが、慣れれば簡単にできます。

きんぴらの太巻き

基本の太巻き

48

基本の太巻き

材料（1本分）

寿司飯…250g
焼海苔…1枚と1/4枚
しいたけの甘辛煮…40g
卵焼き…1cm角1本
三つ葉…25g

きゅうり…1/6本
桜でんぶ…20g
塩…適量

作り方

❶きゅうりは1cm角の放射状で21cm長さになるように切る。

❷三つ葉は沸騰した湯で10秒ほど塩ゆでし、冷ます。

❸巻きすに海苔をのせて寿司飯を広げ、しいたけの甘辛煮、卵焼き、
①、②、桜でんぶをのせて巻く。6等分に切る。

きんぴらの太巻き

材料（2個分）

寿司飯…250g
焼海苔…1枚と1/4枚
炒り卵…60g
かに風味かまぼこ…3本
小松菜…50g
きんぴらごぼう…40g
塩…適量

作り方

❶小松菜は沸騰した湯で約1
分塩ゆでし、水気を取り小
口切りにする。

❷巻きすに海苔をのせて寿司
飯を広げ、①、炒り卵、かに
風味かまぼこ、きんぴらごぼ
うをのせて巻く。6等分に切
る。

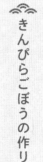

きんぴらごぼうの作り方

材料（作りやすい分量）

ごぼう…1/2本（100g）
A ┌砂糖、みりん、醤油…各小さじ2
　└七味唐辛子…少々
ごま油…小さじ2

作り方

❶ごぼうはささがきにして、水に5
分ほどつけてアクを抜き、水気
を取る。

❷フライパンにごま油を熱し、①を
じっくり中火弱で7～8分炒める。

❸Aを入れて、水気がなくなるまで
炒める。粗熱を取る。

【手巻き寿司】

寿司飯と数種類のネタを用意すれば
ワイワイ楽しみながらみんなで手巻き寿司ができます。
ルールはありませんが、おすすめの組み合わせ方を紹介します。

手巻き寿司バリエーション

焼海苔1枚に20gほどの寿司飯と好みのネタをのせて巻きましょう。
好みでわさび、醤油をつけていただきます。

寿司飯に青じそを敷き、まぐろといかの
刺身、いくらの醤油漬けをのせて巻く。

寿司飯にひき割り納豆、きゅうり、ねり梅
をのせて巻く。

寿司飯にわかめを敷き、赤貝の刺し身、
山形の「だし」をのせて巻く。

寿司飯にあじの刺し身、高菜漬け、かいわれだいこんをのせて巻く。

寿司飯にレタスを敷き、卵焼き、ゆでえび、マヨネーズをのせて巻く。

寿司飯にレタスを敷き、ハムコーンとツナマヨネーズをのせて巻く。

寿司飯に青じそを敷き、なめろうと細切りのたくあんをのせて巻く。

寿司飯にわさび漬け、トロまぐろ、細ねぎをのせて巻く。

寿司飯にチャーシュー、ザーサイ、白髪ねぎをのせて巻く。

寿司飯にわかめを敷き、いか明太とかいわれだいこんをのせて巻く。

寿司飯に青じそを敷き、こはだとやわらぎをのせて巻く。

寿司飯に桜でんぶ、きゅうり、卵焼きをのせて巻く。

【えびフライ巻き寿司】

エビフライのサクッとした衣が寿司飯によく合います。

尾が出るように巻くと見た目にもインパクトが。

材料（1本分）

寿司飯…250g
焼海苔…1枚と1/4枚
えびフライ…2本
枝豆（ゆでる）…20g
キャベツ（せん切り）…1枚分
卵焼き…1cm角×長さ21cm
タルタルソース…30g

作り方

巻きすに海苔をのせ、寿司飯を広げ、えびフライの尾を両端にしておき、枝豆、キャベツ、卵焼きをのせてタルタルソースをかけて巻く。6等分に切る。

【バラの花巻き寿司】

ピンクの具材を
薄焼き卵で巻いたものを
具材にすることで
切り口がバラのように華やかな
お寿司に仕上がります。

材料（1本分）

寿司飯…250g
焼海苔…1枚
桜でんぶ…15g
スモークサーモン…40g
紅しょうが…10g
薄焼き卵…焼海苔の大きさ1枚分
野沢菜漬け…30g

作り方

❶寿司飯60gに桜でんぶを混ぜる。

❷巻きすにラップを敷いて薄焼き卵をのせ、ところどころに①、スモークサーモン、紅しょうがを散らすようにのせる。手前から巻き始める。

❸巻きすに海苔をのせ、残りの寿司飯を広げ、②と野沢菜漬けを芯にして巻く。6等分に切る。

【レタス巻き】

ゆでて色鮮やかなレタスで
ボリュームのあるソーセージを巻いたお寿司。
ケイパーの塩気をアクセントに。

材料（1本分）

寿司飯…180g
レタス…2枚
フランクフルトソーセージ…1〜2本
（合わせて長さが21cmになるように）
スライスチーズ…2枚半
ケイパーの酢漬け
（みじん切り）…小さじ1
マスタード…小さじ1
トマトケチャップ…15g
オリーブ油…少々
塩…少々

作り方

❶沸騰した湯にレタスを入れ、15秒
ほどゆでて冷水にとる。塩をまぶ
して保存用袋に入れてしばらくお
き、しんなりしたら水気を取る。

❷ソーセージは、フライパンにオリ
ーブ油を敷いてこんがり焼き、粗
熱を取る。

❸巻きすにラップを敷き、①のレタ
スをおいて海苔のかわりにし、
寿司飯を広げる。

❹中央にチーズをのせ、ケチャップ
をぬり、ケイパーとマスタード、②
をのせて巻く。6等分に切る。

レタスがやぶれないように、丁寧に巻
きます。

【とろろ昆布巻き】

長いものシャキシャキとした食感と
風味豊かなとろろ昆布の
旨みが口に広がります。

材料（1本分）

寿司飯…180g
焼海苔…1枚
長いも…適量
とろろ昆布…10g
たらこ…25g
卵焼き…2本
野沢菜漬け
（21cm長さに切る）…2本

作り方

❶ 長いもは皮をむき、1cm角・
21cm長さになるように切り、
2本用意する。

❷ 巻きすに海苔をのせ、寿司飯
を広げる。とろろ昆布を全体
に広げてラップをかぶせ、裏
返す。

❸ 海苔の中央にたらこをのせ、
①、卵焼き、野沢菜漬けをの
せる。

❹ ラップを巻き込まないように、
具を押さえながら一気に巻く。

❺ 円柱に形を整えて、8等分に
切る。

【薄焼き卵巻き】

薄焼き卵で巻いた
かわいらしい巻き寿司。
しいたけの旨みがまろやかで、
卵によく合います。

材料（1本分）

寿司飯	…180g
かに風味かまぼこ	…3本
しいたけの甘辛煮	…20g
きゅうり	…適量
薄焼き卵	…焼海苔の大きさ分1枚
マヨネーズ	…10g

作り方

❶ きゅうりは1cm角・21cmになる
　ように切り、2本を使う。

❷ 焼海苔と同じ大きさに合わせた
　薄焼き卵に、寿司飯をのせて広
　げ、中央にマヨネーズを絞り、し
　いたけ、①、かに風味かまぼこ
　をのせて巻く。8等分に切る。

※薄焼き卵の巻き終わりが貼りつかない場合
　は、マヨネーズを薄くぬってもよい。

【生春巻き寿司】

ライスペーパーで寿司飯を巻いて
エスニック風味に仕上げたお寿司。
野菜もたっぷり食べられてヘルシー。

材料（2本分）

- 寿司飯…180
- ゆでえび…6尾
- レタス（細切り）…1枚
- きゅうり（せん切り）…30g
- ボイルベビーほたて貝…3個
- 香菜の葉…1茎分
- たくあん（細切り）…20g
- ライスペーパー…2枚

作り方

❶えび3尾は厚みを半分にする。残り3尾は粗切りにする。

❷ライスペーパーは水でぬらし、ぬらしたふきんの上にざらざらとした裏面を上にして置く。

❸奥に①の半分に切ったえび3枚を並べ、香菜の葉をのせる。手前に寿司飯半量をのせて広げる。レタス、きゅうり、①の粗切りのゆでえび、ほたて、たくあんをのせる。

❹ライスペーパーの手前をひと巻きする。両端を軽くかぶせて、引き締めながら巻く。同様にもう1本巻き、4等分に切る。お好みでヌックチャム（分量外）をつける。

写真のように具を並べると、巻き上がりの見た目がきれいに仕上がる。

ヌックチャムの作り方

材料（作りやすい分量）

- ヌックマム…小さじ2
- 砂糖、酢、レモン汁…各小さじ1
- 水…大さじ1
- 唐辛子（輪切り）…少々
- にんにく（粗みじん切り）…少々

作り方
材料をすべて混ぜ合わせる。

【焼きさば棒寿司】

香ばしいさばと爽やかなしその風味が上品な味わい。酒のつまみにもおすすめのひと品です。

材料（1本分）	寿司飯…250g
	赤しそふりかけ…3g
	さば…1フィレ(150g)
	青じそ…3枚
	塩…適量

作り方

❶さばに塩を振り、約10分おいて水気をふく。魚焼きグリル（またはサラダ油を熱したフライパン）で両面を焼く。粗熱を取る。

❷寿司飯に赤しそふりかけを混ぜる。

❸巻きすにラップを敷き、①をのせ、青じその表を下にして並べ、②をのせる。

❹手前から軽く包み、巻きすで引き締めながらかまぼこ型に形を整える。そのまま約10分おく。

❺湿らせた包丁でラップごと切り分け、ラップを外す。

❸ 青じその幅に合わせて寿司飯をのせる。

❹ 巻きすを押さえながらしっかりと引き締めて形を整える。

【豚肉 巻き寿司】

豚の脂の旨みが食欲をそそる
満足感のある巻き寿司。
形をくずさないように転がしながら焼きます。

材料（1本分）	
寿司飯…	180g
豚ばら肉（薄切り）…	150g
にんじん…	40g
ほうれん草…	40g
青じそ（せん切り）…	2枚
炒り卵…	50g
焼き肉のたれ…	大さじ1
ごま油…	小さじ1
醤油…	小さじ1
塩…	適量

作り方

❶ にんじんはせん切りにし、塩ゆでして水気を取る。ほうれん草は塩ゆでして絞り、醤油と和える。

❷ 巻きすにラップを敷き、豚肉を並べて寿司飯を広げ、青じそ、炒り卵、①をのせて巻く。焼き肉のたれをはけでぬる。

❸ アルミホイルで棒状に包み、ごま油を熱したフライパンで転がしながら約3分焼く。肉に火が通ったら、アルミホイルを外してフライパンに戻し、焼き色がついていない部分を焼く。

❹ まな板に出して2cm幅に切る。

豚肉は焼海苔大の幅になるように並べて広げる。少し重ねて並べるとよい。

【カリフォルニアロール】

寿司飯を外側にして巻く「裏巻き」。
巻きすとラップを使えば簡単にできます。
とびこで鮮やかに仕上げましょう。

材料（1本分）		
寿司飯…180g		┌ ツナ缶…40g
かに風味かまぼこ…3本	A	マヨネーズ…大さじ1
きゅうり…適量		└ こしょう…少々
アボカド…1/2個		とびこ…大さじ4
レモン汁…小さじ1/2		焼海苔…1枚

作り方

❶きゅうりは1cm角・21cm長さに切る。1本使う。

❷アボカドは5mm幅の棒状に切り、レモン汁をまぶす。

❸巻きすに海苔をのせてラップを敷き、寿司飯を海苔の大きさに広げる。中央に①、②、かに風味かまぼこ、混ぜたAをのせて海苔を外す。手前から巻く。とびこをまんべんなくまぶし、6等分する。切りずらい場合は、ラップで軽く巻いてラップごと切るとよい。

【レインボーロール】

寿司飯にさまざまな具材を混ぜて
カラフルな7色でユニークな巻き寿司に。

材料（1本分）

| 寿司飯…180g |
| にんじん…20g |
| ★赤じそふりかけ…小さじ1/2 |
| ★オレンジピール…小さじ2 |
| ★青のり…小さじ1 |
| ★海苔の佃煮…小さじ1 |
| ★桜でんぶ…小さじ2 |
| スライスチーズ…2枚半 |
| ゆでえび…3尾 |
| グリーンアスパラガス（塩ゆで）…2本 |
| レタス（細切り）…1枚 |
| 錦糸卵…40g |
| 塩…適量 |
| 焼海苔…1枚 |

作り方

❶にんじんは塩ゆでし、みじん切りにする。

❷寿司飯を7等分し、①と★の具6種類をそれぞれに混ぜる。残りの寿司飯はそのままにし、合計7色になるようにする。

❸巻きすに海苔を置いてラップを敷き、7色の寿司飯を斜めに広げ、海苔を外す。

❹中央に、チーズを敷き、えび、アスパラガス、レタス、錦糸卵をのせて巻く。5等分に切る。

❸竹串を斜めに置き、寿司飯をのせる目印にする。

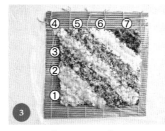

❸左から、①桜でんぶ②オレンジピール③赤じそふりかけ④にんじん⑤青のり⑥寿司飯⑦海苔の佃煮になるように広げる。

❹具を中央にのせて巻く。

【寿司飯で作るキムパ】

本来はごはんで作るキムパですが、寿司飯でさっぱりと仕上げました。ナムルや牛肉で栄養も満点。

材料（1本分）
寿司飯…180g
韓国海苔…1枚
キムチ…25g
たくあん（細切り）…20g
ほうれん草のナムル…適量
にんじんのナムル…適量
牛肉の甘辛煮…適量

作り方
❶巻きすに韓国海苔をのせ、奥と手前を少しあけて寿司飯を一面に薄く広げる。
❷中央に残りの材料を並べてのせ、一気にしっかり巻く。
❸包丁を布巾で湿らせながら、1.5cm幅に切る。

※韓国海苔がない場合は、焼海苔の表面にはけでごま油をぬり、白ごまをまぶす。

ほうれん草のナムルの作り方

材料（作りやすい分量）
ほうれん草…25g
塩、こしょう、ごま油、炒りごま…各少々

作り方
❶ほうれん草は塩ゆでして冷まし水分を取る。
❷ボウルに①を入れ、残りの材料を混ぜる。

にんじんのナムルの作り方

材料（作りやすい分量）
にんじん…25g
塩、砂糖、酢、粉唐辛子…各少々

作り方
❶にんじんはせん切りし、塩ゆでして水気を取る。
❷ボウルに①を入れ、残りの材料を混ぜる。

牛肉の甘辛煮の作り方

材料（作りやすい分量）
牛肉（こま切れ）…30g
コチュジャン、酒、しょうゆ、砂糖、ごま油…各小さじ1/3

作り方
❶フライパンにごま油を熱し、牛肉を炒める。
❷残りの材料を入れて調味し、水分を飛ばして煮絡める。

第4章

にぎり寿司

寿司の王道、にぎり寿司やいなり寿司、
押し寿司などをご紹介します。
江戸前寿司を作るときは
ネタの下ごしらえである「江戸前の仕事」にも
挑戦して丁寧に作ってみましょう。

【江戸前にぎり寿司】

醤油はつけずにそのままで食べられるように「仕事」をして仕立てます。
寿司飯が少し温かい状態のままでにぎって仕上げましょう。

まぐろ

たい昆布〆

卵焼き

えび

煮はまぐり

68

煮だこ

煮あわび

こはだ

あじ

赤貝

まぐろ

材料（1貫分）

赤酢の寿司飯…20g
まぐろ…1切れ
┌ 醤油…大さじ2
A │
└ 煮切り酒・煮切りみりん…各小さじ1
わさび、煮切り醤油…各適量

作り方

❶Aを混ぜ合わせ、まぐろをくぐらせる。

❷水気を取り、赤酢の寿司飯でわさびをつけてにぎり、表面にはけで煮切り醤油をぬる。

〰〰 まぐろの切り方 〰〰

まぐろの柵は、左側から幅を持たせて、斜めに5mm厚さで切る。このとき、包丁をねかせて大きく斜めに切り、切り落とす際に、包丁を立てて切り離す。ネタを長くしたい、幅を持たせたいという場合は、斜めの角度を大きくしてボリュームを出すとよい。

卵焼き

材料（1貫分）

赤酢の寿司飯…20g
えび（むき身）…30g
┌ 塩…ひとつまみ
│ 砂糖…大さじ2
│ 薄口醤油…小さじ2
A │ 煮切り酒…大さじ2
│ 煮切りみりん…大さじ1
└ 昆布出汁…大さじ2
卵…2個
卵黄…3個分

作り方

❶えびは刻んでフードプロセッサーに入れて細かくする。

❷ボウルに①とAを少しずつ入れながら混ぜ、滑らかにする。さらに、卵と卵黄を加えて、均一に混ぜ、ざるでこす。

❸流し缶に②を流し入れ、160℃のオーブンで約30分湯煎焼きする。乾燥しないように冷ます。

❹流し缶から取り出し、4辺を切り、形を整える。1.5cm幅に端から切る。

❺赤酢の寿司飯でしゃり玉をにぎり、④を切り込みを入れてのせる。

卵液を缶に流すときに泡があれば、スプーンで取り除く。

えび

材料（1貫分）

赤酢の寿司飯…20g
活車えび…1尾
わさび、煮切り醤油…各適量

作り方

❶車えびに竹串を刺す。

❷鍋に湯を沸騰させてから火を止め、①を入れて30秒したら冷水にとる。殻をむいて、腹側に切り込みを入れて背ワタなどを取り除く。

❸赤酢の寿司飯でわさびをつけてにぎり、表面にはけで煮切り醤油をぬる。

左手で真っすぐ伸ばすように持ち、尾から腹側の殻のすぐ内側に竹串を真っすぐ刺す。

煮はまぐり

材料（1貫分）

赤酢の寿司飯…20g
はまぐり…6個（寿司には1個分使用）

A
┌ 昆布…5cm角
│ 砂糖…大さじ2
│ みりん…小さじ2
└ 薄口醤油…大さじ2

作り方

❶はまぐりは、砂抜きをして殻同士をこすり洗いする。貝開け（なければテーブルナイフ）で殻を開けて身を取り出す。貝の汁も残しておく。

❷鍋にAを入れて沸とうしたら①の身と汁を入れ、沸とうしない程度の弱火で約2分煮たあと、煮汁ごと冷ます。煮汁でツメを作る。

❸はまぐりの身は、切り込みを入れて大きく広げて水気を取る。赤酢の寿司飯でにぎり、表面にはけでツメをぬる。

※好みで木の芽や青柚子のすりおろしをあしらうのもおすすめ。

～ ツメの作り方 ～

はまぐりや穴子を煮たときの煮汁をこして、つやが出るまで煮詰めたものを「ツメ」と呼ぶ。

作り方

煮汁に、濃口醤油大さじ1、みりん大さじ1、砂糖大さじ1を加えてこし、つやが出るまで煮詰める。

煮だこ

材料（1貫分）

赤酢の寿司飯…20g
生だこのあし…2本（1切れを使用）

A
┌ 出汁…3カップ
│ 小豆…50g
│ だいこん（5mm幅のいちょう切り）…100g
│ 砂糖…大さじ3
│ 酒…大さじ3
└ 醤油…大さじ2

作り方

❶たこのあしは、ぬめりや臭みがなくなるまでもみ洗いして、すりこ木などでたたき、さっと湯通しする。鍋にAとたこを入れて落し蓋をする。80〜90℃（沸騰しない程度）を保ちながら20〜30分煮る。

❷火を止めて常温になるまで冷ます。煮汁でツメを作る。

❸たこはそぎ切りし、赤酢の寿司飯でにぎり、表面にはけでツメをぬる。

※好みで木の芽や青柚子のすりおろしをあしらうのもおすすめ。

冷めたらたこを取り出し、残った煮汁でツメを作る。

こはだ

材料（1貫分）

赤酢の寿司飯…20g
こはだ…1尾（1切れを使用）
酢、塩、煮切り醤油、木の芽…各適量

作り方

❶こはだは、うろこ、頭、内臓を除き、腹開きする（大きい場合は3枚におろす）。

❷盆ざるに軽く振り塩をし、①を並べて上からも軽く振り塩をして約15分おく。洗って水気を切る。

❸バットに酢を入れて②を並べ、落としラップをして、冷蔵庫で約30分漬ける。

❹水気を取り、皮目に切り込みを入れて赤酢の寿司飯でにぎり、表面にはけで煮切り醤油をぬり、木の芽をのせる。

皮目に切り込みを入れることで噛み切りやすくなる。

赤貝

材料（1貫分）

赤酢の寿司飯…20g
赤貝…1個
わさび、塩、煮切り醤油…各適量

作り方

❶貝開け（赤貝用）を使って赤貝を開き、貝柱を切って殻から身を取り出す。

❷小柱からひもを外し、身は包丁で切り込みを入れて開き、ワタを取り除いて洗う。

❸身に塩をまぶしてもみ洗いし、水気を取り除く。切り込みを入れ、まな板にたたきつける。（たたきつけると身が引き締まり、コリコリとした食感になる）

❹赤酢の寿司飯でわさびをつけてにぎり、表面にはけで煮切り醤油をぬる。

※②で外したひもは、塩でもみ洗いすれば刺身としていただけます。

ちょうつがいの間に貝開けを入れ、ひねって殻の間に隙間を作ると開きやすい。

あじ

材料（1貫分）

赤酢の寿司飯…20g
あじ…1尾（1切れを使用）
しょうが（針しょうがにする）、青ねぎ（小口切り）、煮切り醤油…各適量

作り方

❶あじは3枚におろして皮をむき、皮側に切り込みを入れ、程よい大きさに切る。

❷赤酢の寿司飯でにぎり、表面にはけで煮切り醤油をぬり、針しょうがと青ねぎをのせる。

たい昆布〆

材料（1貫分）

赤酢の寿司飯…20g
真だい…1尾（1切れを使用）
塩、昆布、わさび…各適量

作り方

❶たいは3枚におろして皮や骨を取り除く。昆布は、水で湿らせてやわらかくしておく。

❷たいに塩を振り、約10分したら水気をふく。昆布の水気を取り、たいを昆布で挟み、ラップで包んで冷蔵庫で約3時間おく。

❸たいをそぎ切りにし、赤酢の寿司飯でわさびをつけてにぎる。

ラップを敷き、昆布とたいをのせると包みやすい。

煮あわび

材料（1貫分）

赤酢の寿司飯…20g
煮あわび…小1個
ツメ…適量

作り方

❶煮あわびは、貝柱に切り込みを入れて開く。

❷赤酢の寿司飯でにぎり、表面にはけでツメをぬる。

〜〜〜 **煮あわびの作り方** 〜〜〜

材料（作りやすい分量）

あわび…小4個	┌昆布…5cm角
砂糖、塩…各適量	A 酒…1カップ
だいこん…3cm	水…大さじ3
	└薄口醤油…大さじ2

作り方

❶あわびは、殻の浅い方からひだ部分の身を軽く持ち上げ、貝柱部分に貝開けを差し込み、貝柱を外す。肝をつぶさないように手で取り、殻から外す。

❷肝は付け根部分の薄い膜をはがしながら手で身から外す。身を返し、赤い口部分に包丁で切り込みを入れて、引っ張って取り除く。

❸身に砂糖をふりかけ、こすり洗いする。一度洗って塩をふりかけ、さらに洗って汚れを取り洗う。肝は塩をふって洗う。

❹だいこんは1cm幅の半月切りにする。

❺耐熱ボウルに③、④、Aを入れて、アルミホイルなどをかぶせる。

❻蒸し器に入れ、中弱火で約1時間蒸し煮する。やわらかくなったらそのまま冷ます。残りの汁でツメを作る。

【新感覚にぎり5種】

漬物をネタにしたり、しゃりにおからを使ったりと、ユニークなにぎり寿司にもチャレンジしてみましょう。

ランチョンミートにぎり

材料（1貫分）
寿司飯…25g
ポークランチョンミート（5mm幅）…1枚
卵焼き（5mm幅）…1枚
焼海苔…適量

作り方
❶ランチョンミートは、フライパンで両面こんがり焼く。
❷寿司飯を丸めてしゃり玉にし、卵焼きと①をのせて海苔で巻く。

かもの燻製にぎり

材料（1貫分）
寿司飯…25g
かもの燻製（3mm幅）…1切れ
ミニアスパラガス…2本
塩…適量

作り方
❶アスパラガスは沸騰した湯でさっと塩ゆでし、冷ます。
❷寿司飯を丸めてしゃり玉にし、かもの燻製をにぎり、①をのせる。

※かもの燻製の代わりにチーズや卵、魚の燻製で作るのもおすすめです。

えび天にぎり

材料（1貫分）
寿司飯…25g
えび…1尾
柚子こしょう…少々
A ┌ 薄力粉…大さじ2
　├ ベーキングパウダー…小さじ1/4
　└ 水…大さじ4
揚げ油…適量

作り方
❶えびは背ワタを取り、竹串を腹側に刺してまっすぐにして茹でる。尾の殻を残してむき、腹から切り込みを入れて広げる。
❷寿司飯を丸めてしゃり玉にし、わさび代わりに柚子こしょうをぬり、①をネタにしてにぎる。
❸Aを混ぜ合わせて②をくぐらせて、190℃の揚げ油で約30秒揚げ、油をきる。

おからにぎり

材料（3貫分）

おから…50g
┌ いりごま…小さじ1/2
│ 酢…大さじ1
A 砂糖…小さじ1
│ 醤油…小さじ1
└ 出汁…小さじ1
ぶりの照り焼き…1/3切れ
木の芽…適量

作り方

❶鍋におからを入れて乾煎りし、Aを混ぜる。冷ましてから、3等分にして丸めしゃり玉にする。

❷①にぶりの照り焼きをのせ、木の芽をのせる。

※ぶりの照り焼きの代わりに、さばの塩焼きや、さばの味噌煮缶などをのせるのもおすすめ。

野菜にぎり

材料（1貫分）

寿司飯…25g
なすの浅漬け…1/2個
みょうがの甘酢漬け…1/2個

作り方

❶なすの浅漬けは薄切りにする。

❷寿司飯を丸めてしゃり玉にし、①をネタにしてにぎる。上にみょうがの甘酢漬けをのせる。

なすの浅漬の作り方

材料（作りやすい分量）

なす…2本
水…1カップ
酢…大さじ1
塩…小さじ1
塩昆布（刻み）…3g
たかの爪（輪切り）…少々

作り方

なすはヘタを落として縦半分に切る。すべての材料を入れて混ぜ、保存用袋に入れて空気を抜き、冷蔵庫に約3時間おく。

みょうがの甘酢漬けの作り方

材料（作りやすい分量）

みょうが…6本
┌ 酢…1/2カップ
│ 砂糖…大さじ3
A 塩…小さじ1/2
└ 昆布（3cm角）…1枚

作り方

みょうがは根元を切り落とし、縦半分に切る。沸騰した湯で約15秒ゆでて、水気を切る。みょうがとAを密閉袋に入れて空気を抜き、冷蔵庫に約3時間置く。

［茶巾寿司］

茶巾は茶道で茶碗をぬぐうときに使う長方形の布のこと。茶巾に見立てた薄焼き卵で具入りの寿司飯を包みます。

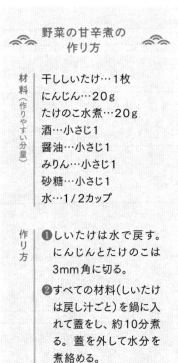

材料（1個分）

寿司飯…60g
野菜の甘辛煮…10g
薄焼き卵…1枚
三つ葉…適量

作り方

❶寿司飯と野菜の甘辛煮を混ぜる。

❷三つ葉は沸騰した湯で約15秒さっとゆで、冷ます。

❸薄焼き卵の中央に①をおいて包み、形を整えて②で結んで口を閉じる。

野菜の甘辛煮の作り方

材料（作りやすい分量）

干ししいたけ…1枚
にんじん…20g
たけのこ水煮…20g
酒…小さじ1
醤油…小さじ1
みりん…小さじ1
砂糖…小さじ1
水…1/2カップ

作り方

❶しいたけは水で戻す。にんじんとたけのこは3mm角に切る。

❷すべての材料（しいたけは戻し汁ごと）を鍋に入れて蓋をし、約10分煮る。蓋を外して水分を煮絡める。

【高菜寿司】

高菜漬けと
寿司飯のほどよい酸味がマッチ。
手軽にできて満足感のある巻き寿司です。

材料（1個分）

寿司飯…70g
焼き鮭（ほぐす）…10g
青じそ…1/2枚
煎りごま…小さじ1/3
高菜漬け（20cm角）…1枚

作り方

❶青じそはみじん切りにする。

❷寿司飯に①、鮭、ごまを混ぜ、
　高菜漬けで包むように巻く。

【手まり寿司】

ラップでキュッと包むだけでできる
コロンとしたかわいい手まり寿司。
好きな寿司ネタで楽しんで作ってみましょう。

かに

たい昆布〆

スモークサーモン

78

いかそうめん

子持ち昆布

ほたて貝

基本の作り方

寿司飯をラップで丸く包む。

まな板にラップを敷き、ネタを広げ丸くにぎった寿司飯をおく。

ラップで包み、丸く形を整える。

スモークサーモン

材料（1個分）
寿司飯…25g
スモークサーモン…1枚
ケイパーの酢漬け…1粒

作り方
❶ラップの上にスモークサーモンを広げ、丸くにぎった寿司飯をのせる。
❷ラップで丸く包んで形を整え、ケイパーをのせる。

たい昆布〆

材料（1個分）
寿司飯…25g
たい昆布〆（薄切り）…1枚
すだち（輪切り）…1枚

作り方
❶ラップの上に、たいの昆布〆を広げ、丸くにぎった寿司飯をのせる。
❷ラップで丸く包んで形を整え、すだちをのせる。

かに

材料（1個分）
寿司飯…25g
かにの身…適量
A ┌ マヨネーズ…小さじ1/2
  └ 醤油、わさび…各少々
木の芽…1枚

作り方
❶Aを混ぜ合わせる。
❷ラップの上にかにを広げ、①をぬり、丸くにぎった寿司飯をのせる。
❸ラップで丸く包んで形を整え、木の芽をのせる。

いかそうめん

材料（1個分）
寿司飯…25g
いかそうめん…15g
天然塩…少々
煮切り酒…小さじ1/3
花穂しそ…適量

作り方
❶いかそうめんに、塩と煮切り酒をまぶして約10分おき、水気を取る。
❷ラップの上に①を並べ、丸くにぎった寿司飯をのせる。
❸ラップで丸く包んで形を整え、花穂しそを散らす。

ほたて貝

材料（1個分）
寿司飯…25g
ほたて貝の貝柱…15g
天然塩、煮切り酒…各適量
オクラ（輪切り・湯通し）…1枚

作り方
❶ほたては3mm厚さにへぎ切りし、塩と煮切り酒をまぶして約10分おき、水気を取る。
❷ラップの上に①を広げ、丸くにぎった寿司飯をのせる。
❸ラップで丸く包んで形を整え、オクラをのせる。

子持ち昆布

材料（1個分）
寿司飯…25g
子持ち昆布…15g

作り方
❶子持ち昆布は薄切りして水気を取る。
❷ラップの上に①を並べ、丸くにぎった寿司飯をのせる。ラップで丸く包んで形を整える。

 子持ち昆布の漬け方

材料（作りやすい分量）
子持ち昆布…100g
A ┌ 出汁…1/2カップ
　 煮切りみりん、煮切り酒…各大さじ1/2
　 └ 薄口醤油…大さじ1

作り方
❶子持ち昆布は、薄い塩水に半日漬けて塩分を抜く。
❷Aと①を保存用袋に入れて空気を抜き、冷蔵庫で半日漬ける。

【カラフル手まり寿司】

漬物などで作る手まり寿司は、色鮮やかでまるで芸術品のよう。
自分なりにアレンジしてみてもよいでしょう。

編み込み手まり

材料（1個分）

寿司飯…25g
だいこん…12cm
にんじん…12cm
A
┌ 酢…1/2カップ
│ 砂糖…大さじ3
│ 塩…小さじ1/2
└ 昆布（3cm角）…1枚

作り方

❶だいこんとにんじんは薄切りし、8mm幅の帯状に切る。

❷沸騰した湯で約1分ゆで、水気を切ってAに漬けて約3時間おく。

❸②の水気を取り、ラップの上で格子状に交互に重ねて編み込み状にする。

❹丸くにぎった寿司飯をのせ、ラップで丸く包んで形を整える。

長いも炙り

材料（1個分）

寿司飯…25g
長いも（輪切り）…1枚
醤油、みりん…各少々
青じそ…1枚

作り方

❶長いもに醤油とみりんをまぶし、バーナー（または魚焼きグリル）であぶる。

❷青じそは細切りにし、水につけてアクを抜き、水気を取る。

❸ラップに②を散らし、丸くにぎった寿司飯をのせ、ラップで丸く包んで整えて①をのせる。

紅芯だいこんときゅうり

材料（1個分）

寿司飯…25g
紅芯だいこん（薄切り）…1枚
きゅうり（短冊切り）…7枚
塩、わさび漬け…各適量

作り方

❶紅芯だいこんときゅうりは、それぞれ塩を振って約10分おき、水気を取る。

❷ラップにきゅうりを放射状に並べ、紅芯だいこんをのせ、丸くにぎってわさび漬けをぬった寿司飯をのせる。

❸ラップで丸く包んで整える。

なすの南蛮漬け

材料（1個分）

寿司飯…25g
なすの南蛮漬け…1本

作り方

❶ラップの中央になすの南蛮漬けを皮目を下にしてのせ、丸くにぎった寿司飯をのせる。

❷ラップで丸く包んで整え、ラップを外してなすの南蛮漬けについていた唐辛子の輪切りをのせる。

〜〜〜 なすの南蛮漬けの作り方 〜〜〜

材料（作りやすい分量）

小なす…3本
A
┌ 酢、醤油、砂糖、みりん…各大さじ1
└ 唐辛子（輪切り）…8個
ごま油…大さじ1

作り方

❶なすはヘタを取り、縦半分に切り、皮目に細かい切り込みを入れる。たっぷりの水に約10分浸しアク抜きし、水気を取る。

❷フライパンにごま油を熱し、①の皮目を下にして2〜3分中火で焼き、焼き色がついたらひっくり返して2〜3分焼く。

❸Aを入れて、ひと煮立ちしたらそのまま冷ます。

湯葉しいたけ

材料（1個分）
寿司飯…25g
しいたけの煮しめ…1個
生湯葉…15cm角
わさび…適量

作り方
❶ラップに生湯葉を広げておく。
❷寿司飯を丸くにぎってわさびをぬり、わさび面を下にして①の上においてラップで包む。
❸丸く整えてしいたけの煮しめをのせる。

パプリカと花びらたけのグリル

材料（1貫分）
寿司飯…25g
パプリカ…適量
花びらたけ…4cm

A
塩…ふたつまみ
こしょう…少々
オリーブ油…小さじ1
にんにく（みじん切り）…少々

作り方
❶パプリカは2×4cmサイズになるように切る。
❷花びらたけと①にAをまぶして、魚焼きグリルで約6分焼いて粗熱を取る。
❸ラップに②をのせ、丸くにぎった寿司飯をのせる。
❹ラップで丸く包んで整える。

焼きとうもろこし

材料（1個分）
寿司飯…25g
焼きとうもろこし
（実の部分）
…6cm角

作り方
❶ラップにとうもろこしをくずれないようにのせ、丸くにぎった寿司飯をのせる。
❷ラップで丸く包んで整える。

〜〜〜 焼きとうもろこしの作り方 〜〜〜

材料（作りやすい分量）
とうもろこし…1本
みりん、醤油…各大さじ1

作り方
❶とうもろこしを鍋に入れて約15分蒸す。
❷みりんと醤油をはけで表面にぬり、魚焼きグリルで約8分こんがり焼く。途中で何度もぬる。
❸粗熱を取り、包丁で実がバラバラにならないように切る。

【野菜のカラフル手まり寿司】

旬の野菜でアレンジした手まり寿司もおすすめ。
寿司飯を生湯葉で包むのもおしゃれです。

【いなり寿司】

関東風は俵型、関西風はきつねの耳を模して三角形に作ります。

また、関東風は具だくさんの寿司飯にし、関西風は具だくさんの寿司飯にし、油揚げを薄味にするのが特徴です。

関東風いなり寿司

材料（2個分）	
寿司飯…60g	
関東風いなり揚げ…2枚	

作り方

❶ いなり揚げは、軽く水気を絞る。寿司飯は30gずつ丸めてしゃり玉にする。

❷ いなり揚げの口を開き、しゃり玉を詰めて片側の口を閉じ、転がして俵型に整える。

関東風いなり揚げの作り方

材料（作りやすい分量）	
長方形の油揚げ…4枚	
	┌ ざらめ（または三温糖）…大さじ3
A	醤油…大さじ3
	酒…大さじ2
	みりん…大さじ1
	└ 水…2カップ

作り方

❶ まな板に油揚げをのせ、すりこぎや菜箸などを転がして隙間を作る。縦半分に切る。

❷ 鍋にたっぷりの湯を沸かし、①を入れて1〜2分ゆでて油抜きをする。水にとり、冷まして絞る。

❸ 別の鍋にAを入れて沸騰させ、②を入れて落し蓋をする。沸騰したら中火で約15分煮る。途中で破けないように上下を返す。そのまま冷まし、密閉容器に入れて半日置く。

関東風
いなり寿司

関西風
五目いなり寿司

関西風五目いなり寿司

材料（2個分）
五目寿司飯…60g
関西風いなり揚げ…2枚

作り方

❶いなり揚げは、軽く水気を絞る。寿司飯は30gずつ丸めてしゃり玉にする。

❷いなり揚げの口を開き、しゃり玉を詰めて両側の口を閉じ、とがった三角部分が上になるようにする。

※お稲荷さんのきつねの耳に見立てて三角形にするのがポイント。

関西風いなり揚げの作り方

材料（作りやすい分量）
正方形の
油揚げ…4枚
A ┌ 出汁…2カップ
　│ 酒…大さじ3
　│ 薄口醤油…大さじ3
　│ 砂糖…大さじ2
　└ みりん…大さじ1

作り方

❶まな板に油揚げをのせ、すりこぎや菜箸などを転がして隙間を作る。斜め半分に切る。

❷鍋にたっぷりの湯を沸かし、①を入れて1〜2分ゆでて油抜きをする。水にとり、冷まして絞る。

❸別の鍋にAを沸かし、②を入れて落し蓋をする。沸騰したら中火で約15分煮る。途中で破けないように上下を返す。そのまま冷まし、密閉容器に入れて半日置く。

※正方形の油揚げが無い場合は、長方形のものを縦横4等分に切ってもよい。

【オープンいなり寿司】

チーズやハムの塩気がアクセントの
洋風いなり寿司。上に具を飾ることで
見た目もかわいらしい。

材料（2個分）	寿司飯…60g 関東風いなり揚げ…2枚 プロセスチーズ、 ハム、コーン缶…各10g きゅうりのピクルス…5g ブロッコリー…適量 塩…適量

作り方	❶チーズ、ハム、きゅうりのピクルスは、コーンの大きさに合わせて小さく切る。 ❷ブロッコリーは沸騰した湯で塩ゆでする。 ❸①の具の半量を寿司飯に混ぜる。 ❹いなり揚げの口を折り返して、③を詰め、残りの①の具と②を上に飾る。

【中華風細巻きいなり寿司】

チャーシューや
ザーサイを巻いた中華風のいなり寿司。
ごま油の香りが食欲をそそります。

材料（2個分）

寿司飯…60g
関東風
いなり揚げ…2枚
A ┌ チャーシュー…10g
　├ 長ねぎ…5g
　└ ザーサイ…5g
ごま油…小さじ1/2

作り方

❶ いなり揚げは、両サイドに切り込みを入れて開き、1枚にする。

❷ Aはみじん切りにし、寿司飯、ごま油と混ぜる。

❸ ①をまな板に広げ、手前に②をのせて巻き棒状にする。斜め半分に切る。

【丹後ばら寿司】

さばのおぼろを散らす
京都・丹後地方で親しまれる郷土料理。
彩りよく仕上げ、人の集まるハレの日に
いただきたいお寿司です。

材料（内径15cm角の押し型を使用）

寿司飯…700g
さばおぼろ…150g
かんぴょう煮…30g
しいたけの煮しめ…30g
かまぼこ…15g
錦糸卵…30g
いんげん…15g
塩…適量

作り方

① しいたけの煮しめは薄切り、かまぼこは2mm厚さのひと口大、かんぴょうは1cm幅に切る。

② 沸騰した湯に塩といんげんを入れ、さっとゆでる。3cm長さの斜め切りにする。

③ 押し型を水でぬらしてから水気をふく。半量の寿司飯を型に詰めて平らに広げる。

④ さばおぼろ100gをのせて広げ、残りの寿司飯をのせる。

⑤ ラップをかぶせて蓋で押して型の枠を抜き、形を整えたあと、残りのさばおぼろ、錦糸卵、①、②を飾る。好みで紅しょうがをのせてもよい。

さばおぼろの作り方

材料（作りやすい分量）

さば…1フィレ(150g)
A　┌ 酒…大さじ2
　　│ みりん…大さじ2
　　│ 醤油…大さじ2
　　│ 砂糖…大さじ2
　　└ 水…100ml
塩…適量

作り方

① さばに塩をして約10分おいて水気を取る。

② 魚焼きグリルで両面を焼き、身をほぐす。

③ フライパンに②とAを入れ、水分が無くなるまでパラパラに炒り煮にする。

【洋風押し寿司】

生ハムとスモークサーモンを組み合わせた
カジュアルに楽しめるお寿司。
オリーブの塩気がワインとも好相性。

材料（内径5.5×17.5cm角の押し型）

寿司飯…240g
スモークサーモン…2枚
生ハム…1枚
バジルの葉…6枚
ケイパーの酢漬け…適量
┌ スタッフドオリーブ（輪切り）…5枚
A バジルの葉…各適量
└ ケイパーの酢漬け…5粒

作り方

❶押し型を水でぬらしてから水気をふく。型に半量の寿司飯を詰めて広げる。

❷中央にケイパーを並べ、バジルの葉を全体に敷き、残りの寿司飯をのせて広げる。

❸片側に生ハム、もう片側にスモークサーモンを広げてのせ、ラップを敷いて蓋で押して形を整える。

❹3cm幅（5等分）に切り分けて型から外し、Aを飾る。

切り込みの入った押し型なら、切り分けがしやすい。

【バッテラ】

関西で親しまれてきた押し寿司の中でも大衆的なバッテラ。ポルトガル語で小舟を意味します。締めさばを使って手軽に楽しみましょう。

材料（内径7.5×22.5cm角の押し型）

寿司飯…360g
締めさば…1フィレ(150g)
ガリ…5g
実山椒の水煮…小さじ1
白板昆布…1枚
寿司酢…50ml
笹の葉…2枚

作り方

❶ガリと実山椒はみじん切りにして、寿司飯と混ぜる。締めさばは、型に合わせて切る。

❷押し型を水でぬらしてから水気をふく。笹の葉は水にくぐらせて水気をふく。

❸笹の葉とさばを型に入れて押し、型の枠を抜く。

❹白板昆布はさっと湯通しして、寿司酢に約5分つけて水気を取る。

❺③を裏返し、蓋と笹の葉を外して上に④をかぶせる。

❻湿らせた包丁で3cm幅に切り分ける。

白板昆布はシワができないように広げてかぶせる。

第5章

ちらし寿司

豪華で食べごたえのあるちらし寿司。
寿司飯に飾ったり混ぜたりするだけで気軽にできます。
定番の江戸前ちらしや
五目ちらしをマスターしたら、
旬の食材を使った季節のちらしも楽しんでみて。

 錦糸卵の作り方→18ページ

 煮切りみりんの作り方→19ページ

 煮はまぐりの作り方→71ページ

 たい昆布〆の作り方→73ページ

【江戸前ちらし寿司】

新鮮な魚介のネタにひと手間加え、よりおいしさを引き出す「仕事」をした美しいちらし寿司です。

材料（作りやすい分量）

寿司飯…400g
えび…6尾
煮穴子…40g
卵焼き…80g
まぐろ…1柵（100g）
酒…大さじ1
いくらの醤油漬…20g
花れんこんの酢ばす…40g
塩…適量
木の芽…適量

作り方

❶卵焼きは1.5cm角に切る。煮穴子は2cm四方に切る。

❷えびは背ワタを取る。沸騰した湯を弱火にしてえびを入れ、1分30秒塩ゆでし、火を止めて余熱で1分30秒火を通す。冷やして殻をむく。

❸まぐろは水気をふき、酒を入れた湯に入れて表面の色が変わるまでさっとゆでて、氷水に落とす。十分冷えたら水気をふき、4mm幅に切る。

❹器に寿司飯を盛り、①、②、③、いくら、花れんこん、木の芽を散らすようにのせる。

花れんこんの酢ばすの作り方

材料（作りやすい分量）

れんこん…5cm
A ┌ 酢…1/2カップ
　│ 砂糖…大さじ3
　│ 塩…小さじ1/2
　│ 昆布…3cm角
　└ 唐辛子（輪切り）…4個

❶れんこんは穴と穴の間にV字の切り込みを入れて丸く形を整え、側面が花の形になるようにする。

❷2mm幅の輪切りにする。大きいものは半分に切る。

❸沸騰した湯で約2分ゆで、水気を取って熱いうちに、混ぜたAに漬けて約3時間おく。

【かつおのてこね寿司】

漁師が船上で魚をさばいて
手で混ぜ合わせたことから
「てこね寿司」と呼ばれるようになった、
三重県の郷土料理。
タレにつけたかつおと
寿司飯がよく合います。

材料（作りやすい分量）

寿司飯…800g
かつお…1柵（250g）
A ┌ 醤油…90ml
　└ 煮切りみりん、煮切り酒…各20ml
しょうが…15g
青じそ…5枚
みょうが…2本
白いりごま…小さじ1
青ねぎ（小口切り）…大さじ2

作り方

①しょうが、青じそ、みょうがはせん切りに
　し、それぞれ約5分水にさらし、水気を
　取る。

②かつおは5mm幅のひと口大に切る。

③Aを混ぜて漬け汁を作り、半量ずつに
　分ける。半量にかつおを5分つけて取り
　出し、水気を取ってから、もう一度残り
　の半量につけて約5分おき、水気を取
　る。

④飯台に寿司飯、①のしょうがと青じそ、
　③を入れて切るように混ぜる。

⑤①のみょうが、ごま、青ねぎを散らす。

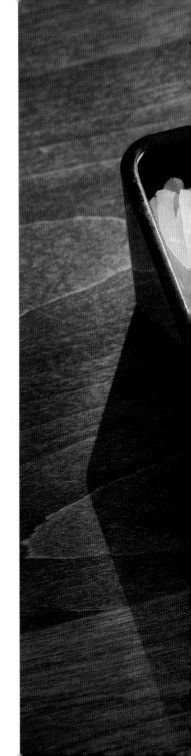

【重箱で作る モザイク寿司】

さまざまな具材をモザイク状に飾った、華やかなお寿司はまるでアートのよう。

彩りよい食材を同じサイズにカットするのがポイント。

飾るときに笹の葉などで区切りをつけると盛りつけしやすくなります。

材料（18cm角の重箱）

寿司飯…500g
きゅうり…適量
あじ（上身）…4切れ
A ┌ しょうが（針しょうがにする）…適量
  └ 青ねぎ（小口切り）…適量
たい昆布〆…4切れ
サーモン（刺し身用）…4切れ
平貝（刺身用）…3切れ
まぐろ…1柵（100g）
わさび…適量
醤油…少々
たくあん（細切り）…25g
いくらの醤油漬け…適量
青じそ…2枚
うに…25g
しその実漬け…適量

作り方

❶重箱に寿司飯を詰めて平らにする。

❷きゅうりは薄切りにし、9等分の仕切りになるようにのせる。

❸あじ、たいの昆布〆、サーモンはそぎ切りにする。平貝は2mm厚さにへぐ。

❹まぐろは2cm角に切り、わさびと醤油を混ぜてからまぶして水気を取る。

❺写真を参考に飾る。

Ⓐたくあんを並べる
Ⓑサーモンを並べる
Ⓒ平貝を並べる
Ⓓあじを並べてAをのせる
Ⓔいくらの醤油漬けをのせる
Ⓕ青じそを敷き、うにをのせる
Ⓖしその実漬けをのせる
Ⓗ④のまぐろを並べる
Ⓘたい昆布〆を並べる

【五目ちらし寿司】

ひな祭りのお祝いなど、家庭で親しまれてきた五目寿司は
しいたけの旨みとほどよい甘さが食欲をそそります。

材料（作りやすい分量）

寿司飯…700g
干ししいたけ…3枚
水…1カップ
にんじん…50
たけのこ水煮…50g
┌ 酒…大さじ1
│ みりん…大さじ1、
A│ 醤油…大さじ1
└ 砂糖…小さじ1
錦糸卵…30g
絹さや…8枚
塩…適量

作り方

❶干ししいたけは、水に浸して半日戻し、薄切にする。戻し汁はとっておく。

❷にんじんとたけのこは細めの短冊切りにする。

❸鍋にAと①のしいたけと戻し汁、②を入れて落し蓋をして煮汁が無くなるまで煮る。粗熱が取れるまでときどき混ぜながらそのまま冷ます。

❹絹さやは筋を取り、切り込みを入れて沸騰した湯で塩ゆでする。

❺寿司飯に③を混ぜて器に盛り、錦糸卵と④を飾る。

飯台で寿司飯と具が混ざるように切り混ぜる。

【春のちらし寿司】

はまぐりを使った上品な味わいのちらし寿司です。
桜でんぶのピンクや卵の黄色で
春らしい明るいひと皿に仕上げました。

材料（作りやすい分量）

寿司飯…700g
そら豆…4さや
姫たけのこ…2本
煮はまぐり…12粒
グリーアスパラガス…4本
桜でんぶ…30g
炒り卵…100g
新しょうがの梅酢漬け…適量
塩…適量
木の芽…適量

作り方

❶ 空豆はさやをむき、黒いおはぐろ部分と反対側に包丁で切り込みを入れる。3〜4分塩ゆでしてザルにとる。うちわであおいで粗熱を取り、おはぐろ部分から指で押し出し、さらにあおいで冷ます。

❷ 姫たけのこは皮つきのまま約15分塩ゆでして、そのまま冷まして皮をむき、6cm長さの棒状に切る。

❸ アスパラガスは皮を薄くむき、塩ゆでしてざるに取り、おあおいで冷まし、6cm長さに切る。

❹ 新しょうがの梅酢漬けは桜の花びらの抜き型で抜く。

❺ 器に寿司飯を盛り、炒り卵と桜でんぶをところどろこにのせて、①、②、③、④、煮はまぐりを散らし、木の芽を手でたたいてからのせる。

【夏のちらし寿司】

爽やかなレモンの風味をきかせた夏のちらし寿司。
ゴーヤやオクラなど、夏が旬の食材を合わせました。
ガラスの器に盛るとより涼しげに。

材料（作りやすい分量）

寿司飯…350g
あじの開き…1枚
レモン（輪切り）…1個
ゴーヤ…1/3本
みょうが…1本
オクラ（輪切り・湯通し）…2本
青じそ…2枚
塩…適量

作り方

❶ あじの開きは、魚焼きグリルでこんがり6〜7分焼き、身をほぐす。

❷ ゴーヤは輪切りにして種とワタを取り除き、塩をまぶして約10分おき、洗う。

❸ みょうがは小口切りにして水にさらして水気を取る。

❹ 青じそはせん切りにして水につけてアクを取り、水気を切る。

❺ 器に寿司飯を盛り、中央に①をのせ、③、④、オクラを散らす。②とレモンを周囲に飾る。

【秋のちらし寿司】

さまざまな種類のきのこをふんだんに使った
"食欲の秋"にぴったりなちらし寿司です。
レモン煮にしたさつまいもがアクセントに。

材料（作りやすい分量）

寿司飯…700g
生鮭…200g
A ┌ 酒…大さじ3
　│ みりん…大さじ3
　└ 醤油…大さじ3
きのこ（舞茸、あわび茸、えのき茸、
花びら茸など）…150g
さつまいも…小1本
B ┌ 水…300ml
　│ 薄口醤油…大さじ2
　│ はちみつ…大さじ2
　└ レモン汁…小さじ2
にんじん…適量
塩…適量

作り方

❶鮭はひと口大に切り、塩をまぶして約10分
　おき、水気をふく。Aを混ぜて半量ずつに分
　け、鮭を約20分漬ける。水気を取り、魚焼
　きグリルで約5分焼く。

❷きのこは手でほぐし、Aの残りの半量をまぶ
　して、魚焼きグリルで約5分焼く。

❸さつまいもは5mm幅に切り、水に10分さら
　してアクを抜く。鍋にBとともに入れて約10
　分煮て、そのまま冷ます。煮汁は少量残して
　おく。

❹にんじんは2mm幅に切り、紅葉の型で抜
　き、沸騰した湯で塩ゆでする。❸の煮汁に
　約10分漬ける。

❺器に寿司飯を盛り、中央に❶をのせ、❷、
　❸、❹を彩りよく散らす。

【冬のちらし寿司】

れんこんを雪の結晶のような形にカットした
冬をイメージさせるほっこりとしたちらし寿司。
旨みが凝縮されたほたてとゆずの風味が絶妙にマッチ。

材料（作りやすい分量）

寿司飯…700g
れんこん…1節
┌ 昆布…3cm角
│ 水…60ml
│ 酢…40ml
A 砂糖…15g
│ 塩…小さじ1/3
└ 唐辛子（輪切り）…少々
ベビーほたて貝…8個
┌ 酒…大さじ1
B 醤油…大さじ1
└ みりん…大さじ1
あおさのり…5g
白菜漬け…60g
かに棒肉（またはかに風味かまぼこ）…80g
かきの燻製オイル漬け…8個
ゆずの皮（せん切り）…適量
塩…適量

作り方

❶れんこんは3mm幅の輪切りにして丸のセルクルで抜き、雪の結晶のような形にする。

❷沸騰した湯に①と塩を入れて約2分ゆで、熱いうちにAに漬けて30分以上おく。

❸ほたて貝は、Bに10分漬けて魚焼きグリルで約5分焼く。

❹あおさは乾煎りし、粗熱が取れたら手で砕く。

❺白菜漬けは食べやすい大きさに刻む。

❻器に寿司飯を盛り、④を散らし、②、③、⑤、かき、かにを飾り、ゆずの皮を散らす。

川上文代
(かわかみ・ふみよ)

料理研究家。大阪阿倍野辻調理師専門学校卒業後、同校職員として12年間勤務。フランス・リヨン校では初の女性講師となる。1996年東京・広尾に「デリス・ド・キュイエール / 川上文代料理教室」を開設。テレビや雑誌などへの出演、商品開発など活躍中。『イチバン親切な料理の教科書』(新星出版社) シリーズなど著書多数。

寿司

著　者　川上文代
　　　　かわかみふみよ

発行者　深見公子

発行所　成美堂出版
　　　　〒162-8445　東京都新宿区新小川町1-7
　　　　電話(03)5206-8151　FAX(03)5206-8159

印　刷　共同印刷株式会社

©SEIBIDO SHUPPAN 2023　PRINTED IN JAPAN
ISBN978-4-415-33359-5
落丁・乱丁などの不良本はお取り替えします
定価はカバーに表示してあります

撮影
福田諭

カバー・本文デザイン
PETRICO

調理アシスタント
神林琴美、須永由実子、星野裕子

スタイリング
amado

編集制作
矢作美和、古里文香
(バブーン株式会社)

企画・編集
尾形和華
(成美堂出版編集部)